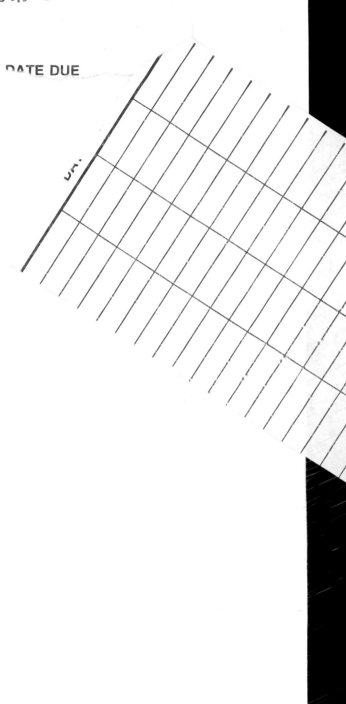

Nota para los padres

DK READERS es un convincente programa para lectores infantiles desarrollado por un equipo de expertos en la didáctica del lenguaje, entre los que destaca la Dra. Linda Gambrell, directora de la facultad de educación Eugene T. Moore de la Universidad de Clemson. La Dra. Gambrell también ha sido presidenta de la Conferencia Nacional de Lectura y miembro de la junta directiva de la Asociación Internacional de Lectura.

Combinamos bellas ilustraciones y magníficas fotografías a color con textos entretenidos y sencillos, con el fin de ofrecer una aproximación amena a cada tema en la serie. Cada volumen de la serie DK READERS captará el interés del niño al tiempo que desarrolla sus destrezas de lectura, cultura general y pasión por la lectura.

El programa de DK READERS está estructurado en cinco niveles de lectura, para que pueda usted hacer una elección precisa y adecuada a las aptitudes de su hijo.

Prenivel 1 – Para principiantes
Nivel 1 – Primeros pasos
Nivel 2 – Lectura asistida
Nivel 3 – Lectura independiente
Nivel 4 – Lectura avanzada

Dado que la edad "normal" para que un niño empiece a leer puede estar entre los tres y los ocho años de edad, estos niveles han de servir sólo como una pauta general.

Pero sea cual sea el nivel, usted le ayudará a su hijo a aprender a leer...¡y a leer para aprender!

LONDRES, NUEVA YORK, MUNICH,
MELBOURNE Y DELHI

Director de publicaciones Andrew Berkhut
Editor ejecutiva Andrea Curley
Directora de Arte Tina Vaughan
Ilustrador Stephen Marchesi

Asesora de lectura
Linda B. Gambrell, Ph.D.

Versión en español
Editora Alisha Niehaus
Directora de Arte Michelle Baxter
Diseñadora DTP Kathy Farias
Producción Ivor Parker

Traducción Scott Foresman

Primero edición estadounidense 2001
Versión en español de DK, 2006

06 07 08 09 10 9 8 7 6 4 3 2 1

Publicado en Estados Unidos por DK Publishing, Inc.
375 Hudson Street, New York, NY 10014
D. R. © 2001 Dorling Kindersley Limited, Londres
D. R. © 2003 texto en español Pearson Education Inc.

Publicado en Gran Bretana por Dorling Kindersley Limited.

ISBN: 0-7566-2129-1 (pb); 0-7566-2130-5 (hc)

Reproducción a color por Colourscan, Singapur
Impreso y encuadernado en China por L. Rex Printing Co., Ltd.

A catalog record for this book is available from the Library of Congress.

La editorial quisiera agradecer a los siguientes por
su amable permiso para reproducir sus fotografías:
c=centro; a=arriba; b=abajo; i=izquierda; r=derecho
The American Revolution: A Picture Sourcebook, Dover Publications, Inc.: 10;
Bettmann/CORBIS: FC, Raymond Gehman-4, Michael Maslan Historic
Photographs-5, 6, 12, 16, Annie Griffiths Belt-17, Richard Hamilton Smith-20,
22, 23, 24, 28, 29, 31, 33, 34, 41, 42, 44, 45, 46, Reinhard Eisele-47;
DK Picture Library: 32, 39a, 40, 43; The Fred Hultstrand History in
Pictures Collection, NDSU, Fargo, ND: 39b; The Mariners'
Museum, Newport News, VA: 36.

Descubre más en
www.dk.com

Contenido

LECTURA 3 INDEPENDIENTE

Abraham Lincoln

Abogado, líder, leyenda

Escrito por Justine y Ron Fontes

DK Publishing, Inc.

Un comienzo humilde

El suelo de la cabaña de troncos era de tierra. La cama rústica estaba hecha con postes de madera, hojas secas de maíz y pieles de oso.

La única ventana daba a los bosques de la granja Sinking Spring, cerca de Hodgenville, Kentucky. Abraham Lincoln nació el 12 de febrero de 1809 en este ambiente tan poco romántico.

Thomas, el padre de Abe, apenas sabía escribir su nombre. Pero este agricultor y carpintero de ocasión contaba historias de maravilla. Nancy, la madre de Abe, no sabía leer ni escribir, pero era una mujer buena y amable.

Réplica de la cabaña de la familia Lincoln

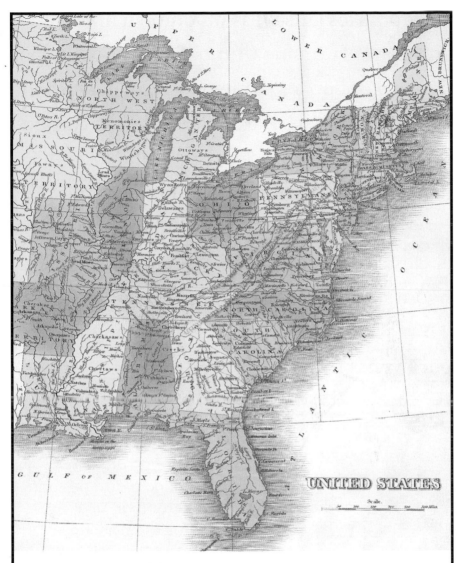

Una nueva nación

Cuando Abraham Lincoln nació, los Estados Unidos sólo llevaban 33 años como país independiente. Gran parte del territorio de la nación eran tierras vírgenes. La Unión sólo tenía 17 estados. (Ahora tiene 50).

Pronto los Lincoln se mudaron a una granja en el Camino Cumberland, una ruta por donde pasaban los pioneros. Abe ayudaba con las tareas de la casa. También pescaba, cazaba conejos y ratas almizcleras, y seguía a las abejas hasta sus colmenas en busca de miel.

Abe miraba a los que viajaban hacia el Oeste: colonos en busca de un nuevo hogar, vendedores ambulantes, predicadores y a veces esclavos a los que llevaban al Sur para venderlos.

Los esclavos del Sur
Cuando alguien obliga a otra persona a trabajar, se dice que esa persona es su esclavo. En el Sur, muchos esclavos trabajaban en plantaciones. Los capturaban en África y los vendían en mercados.

La escuela de Abe era una cabaña pequeña sin ventanas. En esa época, los estudiantes repetían las lecciones una y otra vez en voz alta hasta que las sabían de memoria.

Abe decía que había ido a la escuela "de a poquito": un poquito hoy, un poquito otro día. Cuando no tenían muchas tareas en casa, Abe y su hermana Sarah caminaban varias millas para ir a la escuela.

A Abe le costaba aprender. Pero cuando este niño tímido aprendía una nueva palabra o idea, ya no la olvidaba.

Thomas Lincoln no estaba de acuerdo con la esclavitud. Por eso decidió mudarse con su familia a un territorio donde no había esclavos. La familia viajó hacia el Oeste durante dos semanas hasta llegar a Little Pigeon Creek, en Indiana.

Abe, que entonces tenía siete años, ayudó a despejar el nuevo terreno de la familia. Abe era delgado, ¡pero era bueno con el hacha!

Ese invierno, la familia Lincoln hizo un refugio con palos, arbustos y hojas, hasta que Thomas construyó una cabaña. Vivían de la caza, y también se alimentaban de miel, nueces y frutos silvestres.

Un día Nancy se puso muy enferma. Les dijo a Sarah y a Abe, que tenía nueve años, que fueran buenos y amables con su padre, entre ellos y con los demás. ¡Y murió! A Abe se le partió el corazón. Sin su madre que los cuidara, Abe y Sarah pronto andaron sucios y harapientos.

La educación y los abogados

Pero Abe no estuvo huérfano de madre por mucho tiempo. Al año siguiente, Thomas se casó con Sally, una viuda que tenía tres hijos. Todos vivían en la cabaña junto con Dennis, el primo huérfano de Abe.

En la cabaña había poco lugar, pero reinaba la felicidad. Sally tampoco sabía leer ni escribir, pero fomentaba el amor de Abe por aprender.

Héroes de la historia

Abe se inspiró en la vida de George Washington. El general Washington estuvo al mando del Ejército Continental en la Guerra de Independencia y fue el primer presidente de los Estados Unidos. Abe también admiraba a Benjamin Franklin, quien fue pobre de niño igual que él, pero gracias a su talento y laboriosidad llegó a ser un inventor y estadista importante.

George Washington

Benjamin Franklin

Abe caminaba 50 millas con gusto para tomar un libro prestado. Copiaba las ideas que le gustaban y escribía sobre temas como la crueldad con los animales y por qué pensaba que el gobierno de los Estados Unidos era maravilloso.

A través de la lectura, Abe conoció a héroes que cambiaron el curso de la historia, como George Washington.

Abe viajó a tierras distantes en la alfombra mágica de la imaginación y las palabras. Le leyó *Las mil y una noches* a Dennis. Pero su primo decía que esas aventuras exóticas no eran más que "una sarta de mentiras".

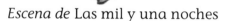
Escena de Las mil y una noches

Abe le contestaba que al menos eran "mentiras muy interesantes".

Cuando iba a la iglesia, Abe miraba cómo gesticulaban los predicadores. Escuchaba cómo alzaban y bajaban la voz para atraer la atención de los feligreses.

Camino a casa, Abe se trepaba a un tocón y repetía el sermón palabra por palabra. Sus amigos se reían, mirándolo imitar todos los gestos de los predicadores.

A veces los políticos hacen discursos informales donde hay un grupo de gente reunida. En ese entonces los políticos se paraban en el tocón de un árbol para que la multitud los viera. Abe aprendió desde joven a entretener a su público con bromas simples y campechanas.

En esa época se usaban barcazas para transportar carga o pasajeros
de un lado a otro de los ríos. Una persona empujaba la barcaza con
un palo. Abe trabajó de barquero de joven para ganar dinero.

Abe escuchaba más discursos cuando el tribunal ambulante iba a Booneville, Indiana. Un juez iba de un pueblo a otro con un grupo de abogados para administrar justicia. Abe escuchaba a los abogados. Nunca se le ocurrió que él también llegaría a ser abogado. Se consideraba muy distinto de esos hombres inteligentes e importantes.

Un día Abe llevó a dos caballeros al otro lado del río en la barcaza. Cada uno le dio medio dólar de propina. Abe nunca había ganado tanto dinero tan rápido. Se preguntó qué más podría lograr si lo intentaba.

Cuando Abe tenía 19 años, un agricultor lo contrató para llevar una carga a Nueva Orleáns. Allí, Abe vio mercados de esclavos por primera vez y quedó horrorizado.

Pocos años después, se fue a vivir a un pueblo llamado New Salem, Illinois. Trabajó como encargado de una tienda y se hizo muy popular porque a sus clientes les encantaban

La venta de esclavos

En los mercados vendían esclavos al que ofreciera más dinero, como si fueran animales. Muchas veces, los miembros de una familia nunca más se volvían a ver.

las historias que contaba, aparte de que era muy honesto y amable.

Réplica de New Salem

Un día, el flacucho tendero derrotó al luchador más fuerte del condado. El gigante quedó impresionado con la fuerza de Abe y se hicieron amigos. Abe se convirtió en un héroe.

Abe de veras quería ser alguien importante. Convenció al director de la escuela del pueblo para que le enseñara gramática y oratoria, que es el arte de hablar en público. Abe se unió a la Sociedad de Debates de New Salem para aprender a presentar su opinión. Estudió derecho, política e historia como siempre había estudiado, de a poquito, cuando tenía tiempo. Decidió presentarse como candidato para la asamblea legislativa de Illinois.

Un día unos guerreros indígenas atravesaron el río Mississippi hacia Illinois. ¡Cundió el pánico entre los colonos blancos! ¿Qué pasaría si reclamaban sus tierras?

Halcón Negro era el líder de los sauks y los foxs, que invadieron brevemente Illinois durante la Guerra del Halcón Negro.

Abe se alistó en el ejército provisional.
Su división lo eligió capitán. Abe se hizo
amigo de un abogado llamado John Todd
Stuart. Pero lo único que combatió en la
guerra fueron los mosquitos y el aburrimiento.
Al igual que muchas de las escaramuzas entre
los colonos y los indígenas norteamericanos,
esta guerra no duró demasiado. Cuando
terminó, sólo le quedaban dos semanas para
hacer campaña y perdió las elecciones.

Abe terminó trabajando como
administrador de correos en New Salem.
Conoció a muchas personas en su nuevo
empleo. ¡Decidió volver a presentarse
como candidato!

Abe aprovechó todas las oportunidades
que se le presentaron para conseguir votos.
Hablaba con todos en bailes, cuando se
reunía gente a construir una casa e incluso
en los partidos de lucha libre, donde hacía
de árbitro porque todos le tenían confianza.

Victorias y promesas

El escritorio de Lincoln en la asamblea legislativa del estado

Esta vez, Abe ganó las elecciones y viajó a Vandalia, la capital de Illinois. Volvió a encontrarse con su viejo amigo John Todd Stuart, que también era legislador. Stuart le prestó sus libros de derecho. Siempre que podía, Abe estudiaba "de a poquito". Cuando se graduó de abogado, John Stuart lo invitó a trabajar para su compañía en Springfield, Illinois.

Abe hizo lo posible para que la capital de Illinois se trasladara a Springfield. Quería que fuera un lugar importante. No pasó mucho tiempo antes de que Springfield fuera la capital y de que él estuviera en el centro político de Illinois.

Abe hablaba en contra de la esclavitud y de los grupos que perseguían a los esclavos y los colgaban cuando se escapaban. Pero no era uno de los "abolicionistas" que querían acabar con la esclavitud. Creía que el gobierno debía prohibir la esclavitud en los nuevos territorios, pero no recomendaba abolirla donde ya existía.

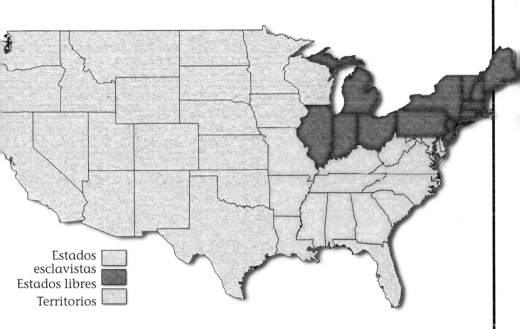

Estados
esclavistas
Estados libres
Territorios

Cuando Abe comenzó a hablar en contra de la esclavitud, en todos los estados del Sur y en unos pocos del Norte había esclavos. Existía mucha controversia sobre el tema de la esclavitud en los nuevos territorios.

Abe tenía 30 años y mucho trabajo como abogado cuando conoció a una mujer que parecía ser exactamente lo opuesto de él. Abe era alto, delgado, torpe y no muy refinado. Mary Todd era baja, gordita, refinada y encantadora. Él nació en una cabaña de troncos.

El aspecto de Lincoln

Mirando la ropa arrugada que llevaba, no cabía duda de que a Lincoln le preocupaban otras cosas más importantes que la moda. Sus largas piernas sobresalían de sus modestos pantalones. De tanto caminar, sus botas estaban cubiertas de polvo. Llevaba sus papeles en un sombrero de copa que lo hacía parecer más alto. Medía 6 pies con 4 pulgadas de estatura. ¡Quien lo conocía, nunca lo olvidaba!

Mary Todd se oponía a la esclavitud, pero su padre tenía esclavos en su finca de Kentucky. Mary era prima de John Todd Stuart, el abogado amigo de Abe.

Ella se crió con lujos y estudió en elegantes escuelas privadas, sabía francés y los bailes de moda.

Pero, en el fondo, Abe y Mary tenían mucho en común. Ambos tenían un fuerte afán de justicia e interés en la política y la poesía. Y ambos quedaron huérfanos de madre cuando eran pequeños.

Cuando tenía 33 años, Abe sabía que Mary Todd era la mujer de su vida. Mary tenía muchos admiradores, pero lo eligió a él.

Se casaron el 4 de noviembre de 1842 y comenzaron a ahorrar para comprar una casa. Al año siguiente, tuvieron a Robert y compraron su primera casa en una bonita calle de Springfield.

La familia Lincoln agregó habitaciones a su nuevo hogar. Mary tuvo otro hijo. Pero Eddy murió antes de cumplir cuatro años. Poco después de su muerte, nació William, y después Thomas, conocido como Tad.

La casa de la familia Lincoln en Springfield, Illinois

Abe adoraba a sus hijos, especialmente al pequeño Tad. Mary también los quería mucho, pero nunca pudo superar la muerte de Eddy.

Abe y Tad

Una vida ajetreada

Abe fue elegido representante al Congreso y la familia se mudó a Washington, D.C. En la capital del país, Abe vio mercados de esclavos. La Constitución decía que todos los hombres fueron creados iguales. ¿Cómo era posible que vendieran a las personas como si fueran animales?

Abe propuso una ley para abolir la esclavitud en Washington. La ley no fue aprobada, y Abe no fue reelegido. No iba a ser fácil acabar con la esclavitud.

Abe regresó a Springfield y pronto se unió al octavo tribunal de circuito. Este tribunal ambulante iba a los pueblos pequeños, tal como el tribunal que había visto de joven.

Durante la mitad del año, Abe dormía en el suelo de una granja o compartía una habitación en una taberna repleta de viajeros. Entre un caso y otro, los abogados

hacían bromas, cantaban y jugaban
a las cartas. ¡Abe se olvidaba de
los modales refinados y ayudaba
a las personas comunes
y corrientes!

El octavo tribunal de circuito viajaba por todo el estado de Illinois.
El juez, Abe y los demás abogados recorrían 500 millas a caballo,
y más adelante en los nuevos ferrocarriles.

El trabajo no era fácil. Los abogados llegaban al pueblo, buscaban clientes y presentaban los casos de inmediato.

Una vez, a Abe le pidieron en New Salem que defendiera a un viejo amigo llamado Duff, a quien se acusaba de asesinato. Un testigo decía que lo había visto cometer el crimen a la luz de la luna llena. Abe sacó un almanaque y comprobó que la luna estaba muy pequeña esa noche, y que el testigo estaba mintiendo. Duff quedó en libertad ese mismo día.

Libros de datos

Un almanaque es un libro con información sobre determinado año. Dice la hora en que amanece y anochece todos los días de ese año, y los ciclos lunares. Los agricultores consultan un almanaque para predecir el tiempo y decidir cuándo plantar sus cultivos.

Abe se dedicó toda la vida a aprender a hablar en público. No era un hombre guapo y tenía la voz chillona. Pero cuando hablaba, la intensidad de sus sentimientos brillaba en sus ojos y la gente se conmovía.

A Abe le gustaba su trabajo de abogado, pero quería asegurarse de que la esclavitud no se propagara a los nuevos territorios y se presentó como candidato para el Senado.

En un discurso, se refirió a los Estados Unidos como "una casa dividida". Dijo: "...este gobierno no puede persistir si la mitad es esclava y la otra mitad es libre. Todos tienen que ser libres, o todos esclavos".

El otro candidato al Senado era Stephen A. Douglas, un político famoso. Douglas no veía ninguna necesidad de prohibir la esclavitud en los nuevos territorios, ya que allí no se podía cultivar tabaco, algodón u otros cultivos que atendían los esclavos. Abe consideraba que el Congreso tenía que hacer lo posible para que los pobres pudieran ir a mejorar su condición en los nuevos estados.

Abe sugirió tener una serie de debates. ¡El resultado fue el duelo de palabras más grande de la historia del país!

Abe perdió las elecciones pero ganó la admiración del público. De la misma manera que luchó con el hombre más fuerte de New Salem, se enfrentó a un gigante político y demostró que era un hombre digno de atención. Y al obligar a Douglas a asumir una postura sobre la esclavitud, logró que se diera mayor importancia a este tema.

Douglas era un estadista bien vestido y bien comido que iba
a los debates en su vagón de tren particular. Abe llegaba en
el tren público lleno de gente y después iba en carreta hasta
el hotel. Los dos candidatos eran tan distintos como
un perro de pura sangre y un perro callejero.

En 1860, solamente dos años más tarde, el Partido Republicano eligió a Abe como candidato para la presidencia. Él había ayudado a formar el partido, pero no esperaba semejante honor.

Partidos políticos

El Partido Republicano fue creado en Illinois en 1856. Estaba a favor del sistema de representación, en lugar del voto directo. En la época de Lincoln había otros partidos políticos, como el Demócrata,

Símbolo del Partido Republicano

los *Whigs* y la Unión Constitucional. El Partido Demócrata fue fundado en 1830 basado en los principios de gobierno del pueblo e igualdad de derechos para todos. El partido de los *Whigs,* que fue creado en 1836, se oponía al Partido Demócrata, hasta que se disolvió en 1856. Al principio los *Whigs* fueron los que apoyaron la Guerra de Independencia.

Símbolo del Partido Demócrata

En Springfield reinó la emoción. Tanta gente participó, que el desfile del Partido Republicano tardó ocho horas en pasar frente a la casa de Lincoln.

Ese año había más de dos candidatos a la presidencia. Abe sólo recibió el 40% de los votos, ¡pero ganó las elecciones!

Sin embargo, Lincoln perdió en todos los estados del Sur.

Cartel de las elecciones con Lincoln y su candidato a la vicepresidencia, Hannibal Hamlin

Los periódicos criticaron abiertamente su postura antiesclavista. Incluso alentaron al Sur a prepararse para una guerra.

Una casa dividida

Había llovido mucho desde que Abe era un tímido escolar, el encargado de la tienda en New Salem y el aspirante al Congreso. Ahora era el presidente de los Estados Unidos.

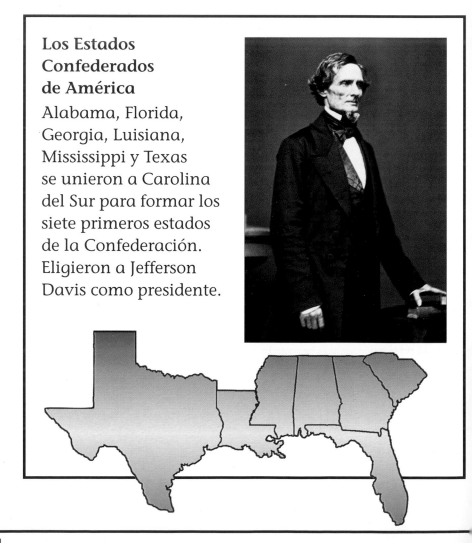

Los Estados Confederados de América

Alabama, Florida, Georgia, Luisiana, Mississippi y Texas se unieron a Carolina del Sur para formar los siete primeros estados de la Confederación. Eligieron a Jefferson Davis como presidente.

Pero incluso cuando Abe viajó en el tren presidencial desde Springfield hasta la Casa Blanca, los Estados Unidos ya no estaban unidos. Carolina del Sur se separó de la Unión y le siguieron otros seis estados del Sur. Se llamaron a sí mismos los Estados Confederados de América. Izaron su propia bandera,

adoptaron una constitución que protegía la esclavitud y eligieron a su propio presidente.

Muchas personas que vivían en los Estados Confederados querían que Abe se muriera. Pese a que muchos todavía lo aclamaban en las estaciones de tren por donde pasaba, para Abe se había vuelto peligroso viajar. Cuando llegó a Washington, D.C., se quitó el sombrero de copa y se metió a la Casa Blanca disfrazado.

En su primera noche en la Casa Blanca, Abe se enteró de que los buques de guerra y los cañones de los confederados amenazaban con atacar el fuerte Sumter, un fuerte de la Unión en Carolina del Sur. Para colmo de males, en el fuerte Sumter las provisiones se estaban acabando.

¿Qué debía hacer? ¿Enviar tropas y correr el riesgo de que se desatara una guerra?

¿Enviar alimentos y armamento para que el fuerte pudiera defenderse? ¿Era posible que las tropas se retiraran?

Abe pidió consejo a sus asesores, pero todos opinaban algo diferente. Abe pensó y pensó. No quería que hubiera guerra. Por fin decidió enviar provisiones. Las tropas confederadas bombardearon el fuerte Sumter. La Guerra Civil había comenzado.

Abe pensó que la guerra no duraría demasiado. Pero mucha sangre se derramó durante semanas, meses y largos años. Los generales de la Unión nunca ganaban. Siempre se detenían antes de alcanzar la victoria completa. Abe elegía nuevos generales, pero tampoco mostraban la firmeza que se necesitaba.

Todo lo que Abe sabía sobre la guerra era lo que había aprendido en los libros y en sus tres meses en la Guerra del Halcón Negro combatiendo los mosquitos y el aburrimiento. ¿Qué debía hacer?

Un día Willie, el hijo de Abe que tenía 11 años, contrajo una fiebre misteriosa. Los médicos no sabían qué hacer. ¡Mary estaba desesperada! Tad, que tenía ocho años, también se enfermó. El presidente tenía muchas preocupaciones. Su única distracción era ir al teatro. Cuando miraba una obra se olvidaba de sus problemas... por un rato.

Frontera abierta

Durante la mayor parte
de la presidencia de Lincoln
el país vivió en guerra. Pero su gobierno
también contribuyó a la conquista del Oeste.
El 20 de mayo de 1862 se aprobó la Ley de Fincas,
mediante la cual se otorgaban tierras gratuitas a
todos los que llegaban
a poblar esas tierras
vírgenes, por valor o
desesperación. Miles
se apresuraron a cruzar
el río Mississippi para
reclamar una parcela
de terreno y comenzar
una vida nueva en un
territorio libre.

Sello postal de 1962 para
celebrar el centenario
de la Ley de Fincas

Primero dolor, después unión

Willie murió en febrero. Mary estaba tan triste que ni siquiera fue al entierro. Tad se mejoró, pero la guerra continuaba. Siete meses después de la muerte de Willie, el país sufrió el día más sangriento de su historia, el 17 de septiembre de 1862.

En la batalla de Antietam, Maryland, casi 5,000 hombres murieron y más de 20,000 resultaron heridos. La Unión ganó la batalla, pero nadie tenía ganas de festejar. El 1 de enero de 1863 fue aprobada la Proclamación de Emancipación de Lincoln. Emancipar quiere decir "liberar".

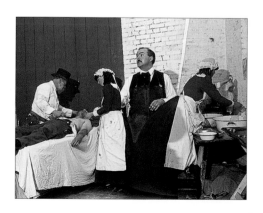

En la época de la Guerra Civil, la medicina era muy rudimentaria. Casi no había remedios para el dolor. Fue entonces cuando los médicos descubrieron que podían evitar el contagio si se lavaban las manos entre una y otra operación.

El presidente Lincoln lee un borrador de la Proclamación de Emancipación a su gabinete.

Una proclamación es un documento formal. Los abolicionistas se enfadaron por la Proclamación de Emancipación porque solamente liberaba a los esclavos del Sur y permitía que los negros del Norte se alistaran en el ejército de la Unión. Los habitantes del Sur creían que Lincoln no tenía ningún derecho a decirles lo que debían hacer. ¡Ya ni siquiera era su presidente!

El 4 de julio de 1863, el ejército de la Unión ganó la batalla de Gettysburg, Pennsylvania. Pero hubo tantos muertos, que pareció mejor construir un cementerio nacional en el lugar de la batalla que enviar a todos los muertos a sus familiares.

Abe pronunció su discurso más famoso el día de la inauguración del cementerio, el 19 de noviembre de 1863.

El discurso de Gettysburg

"Hace ochenta y siete años, nuestros padres fundaron en este continente una nueva nación concebida en la libertad y consagrada al principio de que todos los hombres son creados iguales.

Nos hallamos ahora empeñados en una guerra civil en la que se está poniendo a prueba si esta nación, o cualquier nación igualmente concebida y consagrada, puede perdurar. Estamos reunidos en un gran campo de batalla de esa guerra. Hemos venido a dedicar parte de ese campo a lugar de eterno reposo de aquéllos que aquí dieron la vida para que esta nación pudiera vivir. Es perfectamente propio y justo que así lo hagamos, aunque en realidad, en un sentido más alto, nosotros no podemos dedicar, no podemos consagrar, no podemos santificar este suelo: los valientes que aquí combatieron, los que murieron y los que sobrevivieron, lo han consagrado mucho más allá de la capacidad de nuestras pobres fuerzas para sumar o restar algo a su obra.

El mundo advertirá poco y no recordará mucho lo que aquí digamos nosotros, pero nunca podrá olvidar lo que aquí hicieron ellos. A los que aún vivimos nos corresponde más bien dedicarnos ahora a la obra inacabada que quienes aquí lucharon dejaron tan notablemente adelantada; nos corresponde más bien dedicarnos a la gran tarea que queda por delante: que, por deber con estos gloriosos muertos, nos consagremos con mayor devoción a la causa por la cual dieron hasta la última y definitiva prueba de amor; que tomemos aquí la solemne resolución de que su sacrificio no ha sido en vano; que esta nación, por la gracia de Dios, tenga una nueva aurora de libertad, y que el gobierno del pueblo, por el pueblo y para el pueblo no desaparezca de la faz de la Tierra".

Gracias, Abe

El 3 de octubre de 1863, Abe declaró que el último jueves de noviembre sería un día de acción de gracias y de alabanza. Hoy en día todavía celebramos este día festivo.

El discurso duró menos de tres minutos y trató uno de los temas que Abe presentó en la escuela: el carácter sagrado del gobierno de los Estados Unidos.

Abe quería la unidad de todos los estados. También trató de agregar una parte a la Constitución (una enmienda) para abolir la esclavitud. La Decimotercera Enmienda tuvo el éxito que la Proclamación de Emancipación no logró.

Abe se presentó a las elecciones presidenciales de nuevo en el año 1864.

Después de que los estados del Sur se rindieron, todo el día hubo una serenata fuera de la Casa Blanca. El presidente pidió a la banda de músicos que tocara el himno del Sur, "Dixie". Dijo que era una de las mejores melodías que conocía.

Ganó por una amplia mayoría, pero todavía recibía amenazas y cartas de odio por correo.

A pesar de eso, Abe logró su meta: el 31 de enero de 1865, la Decimotercera Enmienda abolió oficialmente la esclavitud en el país. Los estados del Sur se rindieron el 9 de abril. Unos pocos días más tarde, Abe y Mary fueron al teatro Ford a ver una comedia. Pero mientras que el público reía, un resentido actor planeaba una tragedia. John Wilkes Booth y sus amigos pensaban que Abe había arruinado el país, y que el Sur sólo se podría salvar con su muerte. Durante la obra, Booth se escondió detrás de él y le pegó un tiro en la cabeza.

John Wilkes Booth se escapa después de herir mortalmente al presidente.

Abe nunca volvió a abrir los ojos.
Murió temprano a la mañana siguiente.

El 21 de abril de 1865, los restos de Abe
emprendieron casi el mismo viaje que realizó

en vida en 1860 para
llegar a la Casa Blanca,
sólo que hacia atrás.
En su lenta travesía de
un lado a otro del país,
el tren fúnebre de nueve
vagones se detuvo en

Tren fúnebre de Lincoln

11 ciudades. A su paso,
el país lloró la muerte de Lincoln con rezos,
disparos, fogatas, canciones y flores.

La nación lamentó la pérdida de un
hombre que había dado su vida por el ideal
de libertad, como bien lo dijo el mismo
Lincoln en su discurso de Gettysburg: "...que
el gobierno del pueblo, por el pueblo y para el
pueblo no desaparezca de la faz de la Tierra".

Esta estatua de 20 pies de altura se eleva dentro del monumento conmemorativo de Lincoln. Está formada por 28 bloques de mármol blanco que encajan tan bien que parecen ser una sola pieza. Todos los años, más de cuatro millones de personas visitan el monumento conmemorativo de Lincoln en la ciudad de Washington, D. C.

Glosario

Abolicionista
Persona que quiere abolir la esclavitud. *Abolir* quiere decir eliminar o acabar con algo.

Almanaque
Libro que se publica todos los años con información sobre el movimiento de las estrellas y los planetas, y las fases de la luna.

Candidato
Persona que quiere ser elegida para un puesto, como el de presidente de los Estados Unidos.

Confederación
Grupo que se une para defender una causa común. Los Estados Confederados de América fueron los 11 estados del Sur que se separaron de la Unión entre diciembre de 1860 y junio de 1861.

Constitución
Documento donde se describen las leyes y principios básicos de un país (u otro grupo).

Debate
Discusión formal en la que por lo general se intercambian ideas sobre asuntos políticos o legales; duelo de palabras.

Enmienda
Adición o cambio que se hace a una ley o constitución. La Decimotercera Enmienda a la Constitución abolió la esclavitud.

Esclavitud
Hecho de que existan esclavos, es decir, tener, comprar y vender seres humanos para obligarlos a trabajar en contra de su voluntad y no para su propio beneficio.

Guerra Civil
Guerra entre distintos grupos de un mismo país. En los Estados Unidos, la Guerra Civil se dio entre los estados del Norte (la Unión) y los estados del Sur (la Confederación) entre 1861 y 1865.

Legislador
Miembro de la asamblea legislativa, que es el grupo de personas encargadas de redactar las leyes de un determinado lugar, como un estado.

Partido político
Grupo de personas que comparten las ideas sobre el gobierno. Los partidos políticos apoyan a los candidatos a la presidencia.

Proclama de Emancipación
La Proclama de Emancipación del 1° de enero de 1863 fue una ley que dio la libertad a algunos esclavos en los Estados Unidos.

Republicano
Uno de los dos partidos políticos principales de los Estados Unidos. El Partido Republicano fue creado en 1856 para evitar que James Buchanan ganara la presidencia, sin resultados.

Senador
Miembro del Senado. El poder legislativo, que es una de las tres ramas del gobierno, está integrado por el Senado y la Cámara de Representantes. El pueblo elige a los senadores de cada estado.

Tribunal de circuito
Inicialmente, un juez y un grupo de abogados que viajaban por un distrito para resolver los casos que se presentaban en los pueblos.